AF381548

LEKTÜRE HILFE

Gone Girl

Gillian Flynn

Verfasst von Hudson Cleveland
Übersetzt von Mareike Lobeck

DER QUERLESER

Auf derQuerleser.de findest Du:
Zahlreiche verständliche und detaillierte Lektürehilfen in Nullkommanichts in digitaler Version oder als Taschenbuch.

GILLIAN FLYNN

- **Geboren 1971 in Kansas City, Missouri (USA)**
- **Einige ihrer Werke:**
  - *Cry Baby. Scharfe Schnitte* (2006), Roman
  - *Dark Places. Gefährliche Erinnerung* (2009), Roman
  - *Broken House. Düstere Ahnung* (2014), Kurzgeschichte

Gillian Flynn begann ihre Schreibkarriere als Journalistin beim amerikanischen Nachrichtenmagazin *U.S. News & World Report* und wechselte später zu der Zeitschrift *Entertainment Weekly*. Seit sie ihre Stelle dort jedoch im Jahr 2008 verloren hat, konzentriert sie sich auf ihre Romane – *Dark Places* und *Gone Girl* erschienen in den Jahren 2009 und 2012 – und schreibt zwischendurch sowohl für Film als auch für Fernsehen.

Flynns Romane handeln von einem in der Literatur bisher wenig behandelten

Protagonisten: dem weiblichen Bösewicht, der bei Flynn diabolische und soziopathische Züge trägt. Die Autorin bietet damit einen interessanten Gegenpol zu der traditionellen weiblichen Figur, die von männlichen Hauptfiguren abhängig ist. Auch wenn zahlreiche Autoren in den letzten Jahren viel darangesetzt haben, dieser Tendenz entgegenzuwirken, indem sie komplexe, unabhängige weibliche Figuren geschaffen haben, sind diese weiterhin „gut". So erwartet kaum ein Leser, dass die weiblichen Figuren tatsächlich durch und durch böse sein können. Flynn schwimmt in dieser Hinsicht mit ihren Romanen gegen den Strom, der bislang im Bereich der Krimidramen herrschte.

GONE GIRL

NACH DEM VERSCHWINDEN EINER FRAU DEUTEN ALLE INDIZIEN AUF DEN EHEMANN

- **Textgattung:** Roman
- **Herangezogene Ausgabe:** *Gone Girl. Das Perfekte Opfer.* Aus dem Englischen von Christine Strüh. Fischer Taschenbuch: Frankfurt/Main 2014.
- **Erstausgabe:** 2012
- **Themen:** Untreue, Mystery, Krimidrama, Familie, Psychologie, Image in der Öffentlichkeit, Manipulation

Am Morgen von Nick Dunnes fünften Hochzeitstag verschwindet seine Frau Amy spurlos. Nur Anzeichen eines Kampfs sind zu finden. Zu Beginn hat Nick noch die Einwohner der Kleinstadt Carthage, Missouri, auf seiner Seite, doch seine merkwürdige Reaktion auf das Verschwinden stößt viele vor den Kopf. Außerdem scheinen alle Indizien auf Nick zu weisen: Er hat kein Alibi, enorme Kreditkartenausgaben, eine Affäre und ließ die Lebensversicherung hochstufen. Außerdem hat Amy in ihrem Tagebuch geschrieben, dass Nick sie psychisch misshandelt hat und ab und zu auch gewalttätig war. Doch steckt er wirklich hinter dem Verschwinden seiner Frau?

INHALTSANGABE

DER TAG, ALS

An seinem fünften Hochzeitstag wacht Nick Dunne ungewöhnlich früh auf. Er hat zwar das ungute Gefühl, dass etwas passieren wird, sagt sich aber, dass „heute […] ein Tag zum Handeln [ist]" (S. 14).

Tagebucheinträge von Amy trennen die Kapitel, die aus Nicks Perspektive erzählt werden, voneinander und bilden so einen Gegenpol zu seiner Darstellung der Geschehnisse. Der erste Eintrag erzählt von einer Journalisten-Party, auf der Amy Elliot Nick kennenlernt. Die beiden verstehen sich sofort.

Nick kommt von seiner Arbeit in der Bar, die er mit seiner Zwillingsschwester Margo führt, nach Hause und findet dort Anzeichen eines Kampfs. Amy jedoch ist verschwunden. Die Polizei kommt und schaltet aufgrund dieser Hinweise sofort Detectives ein. Rhonda Boney und Jim Gilpin, die beiden Detectives, durchsuchen daraufhin routinemäßig das Haus und stellen Nick währenddessen grundlegende Fragen, was ihn innerlich aufwühlt. Sein Verhör wird auf der Polizeiwache fortgeführt, von wo aus Nick Amys Eltern über ihr Verschwinden in Kenntnis setzt. Außerdem erfährt er, dass sein eigener Vater, von dem er sich lange versucht hat zu distanzieren, gerade wieder aus dem Seniorenheim weggelaufen ist. Nick bleibt die Nacht über bei Margo, da sein Haus für die Spurensicherung abgesperrt wurde.

DIE SUCHE BEGINNT

Mit einem leichten Kater nimmt Nick an der Pressekonferenz zu Amys Verschwinden teil. Er ist sehr gereizt und ermahnt sich selbst: „‚Mach dir die Cops nicht zum Feind'" (S. 87). Auch seine Schwester und Amys Eltern, Rand und Marybeth Elliott, sind anwesend. Nick ist völlig verwirrt und stammelt seinen Text. Um „die Leute daran zu erinnern, dass [er] kein Arschloch [ist]" (S. 94), lächelt er wie immer in diesen Fällen, nur dass es diesmal wie ein „Killerlächeln" (ebd.) aussieht.

Die Detectives geben Nick die Erlaubnis, Amys Hochzeitstaggeschenk zu öffnen: Es ist der erste Hinweis zu der Schatzsuche, die sie gewöhnlich für den Hochzeitstag organisiert. Er führt zu dem Junior College, wo Nick als Aushilfslehrer arbeitet. Dort findet er den zweiten Hinweis, zusammen mit einem Liebesbrief, der ihn beunruhigt. Er belügt Detective Gilpin, als er behauptet, nicht zu wissen, was dieser zweite Hinweis bedeutet. Später erfährt der Leser, dass Nick ein Prepaid-Handy besitzt.

In der Such-Zentrale, die für Amy eingerichtet wurde, kommen dutzende Menschen zusammen. Nicks alter Freund Stucks Buckley gibt ihm einen Hinweis über die Blue Book Boys, einer Gruppe von Obdachlosen, die von der Blue Book-Druckerei entlassen worden waren und jetzt in einer verlassenen Mall leben. Suchtrupps beginnen nun, die Stadt nach Amy zu durchkämmen. Eine der beteiligten Helferinnen, Shawna, die zu versuchen scheint, „sich ihr Ego vom Ehemann einer vermissten Frau aufpolstern zu lassen" (S. 139), spricht ihn an. Nick findet sie absolut unsympathisch und will, dass sie verschwindet, weil sie mit ihrer Attraktivität die Aufmerksamkeit auf sich zieht.

AMY HAT EINE PISTOLE

Aus Unzufriedenheit über die Arbeit der Detectives beschließt Nick, mit ein paar

Einwohnern und Amys Vater nachts zu der verlassenen Mall zu gehen. Die Gruppe trifft dort mit Baseballschlägern bewaffnet ein und fragt die Obdachlosen, ob sie etwas über Amy wissen. Als Nick ihnen ein Foto von ihr zeigt, behauptet ein Mann namens Lonnie, sie hätte in der Mall eine Pistole gekauft.

Rand und Nick grübeln, wovor Amy so große Angst gehabt haben könnte, dass sie davon überzeugt war, eine Pistole zu brauchen. Die Detectives stellen Nick Fragen, die ihm zu verstehen geben, dass er verstärkt als Verdächtiger betrachtet wird. Dies wird besonders deutlich, als sie bemerken, dass er ihnen nicht von dem Streit erzählt hat, den er mit Amy am Vortag ihres Verschwindens gehabt hat.

Als Nick zurück in der Such-Zentrale ist, ärgert er sich weiter über Shawna. Später geht er Amys letztem Hinweis nach, der ihn zum alten Haus seines Vaters führt. Als er das Haus betritt, geht der Sicherheitsalarm an und er bemerkt, dass Amy den Code für die Alarmanlage geändert hat. Nachdem er die Sicherheitsfirma angerufen und den Vorfall erklärt hat, findet er den nächsten Hinweis – versteht ihn jedoch nicht. In der Nacht, die er bei Margo verbringt, erhält er eine SMS auf seinem Prepaid-Handy, in der steht, dass jemand vor der Tür auf ihn wartet. Es handelt sich dabei um Andie, eine seiner Schülerinnen, mit der er seit mehr als einem Jahr eine Affäre hat. Trotz der Gefahr, in die ihn (und sie) die Affäre bringen könnte, besteht Andie darauf, dass Nick sie jeden Tag für ein paar Sekunden anruft. Margo erwischt Nick, als er früh am nächsten Morgen Andie verabschiedet.

DIE AFFÄRE UND DIE HEIMKEHR

Margo hält Nick seine Affäre vor, besonders weil es in seiner momentanen Situation einen schlechten Eindruck macht. Da die Spurensicherung abgeschlossen ist, kehrt Nick schließlich nach Hause zurück. Margo erzählt ihm, dass in der Crime-News-Sendung *Ellen Abbott* extrem negativ über ihn gesprochen wird. Shawna, die Nick in der Such-Zentrale zurückgewiesen hatte, wird interviewt und berichtet der Moderatorin, dass Nick mit ihr geflirtet hat.

Nick besucht Desi Collings, einen Ex-Freund von Amy aus Highschool-Zeiten und potenziellen Stalker. Er versucht herauszufinden, ob Desi etwas über Amys Aufenthaltsort weiß. Doch schon kurz nach seiner Ankunft fordert Desis Mutter ihn auf, zu gehen und seine Fragen über ihren Anwalt zu stellen.

Gilpin und Boney bitten Nick um ein Treffen in seinem Haus. Sie verhören Nick diesmal eingehender, wobei eine Reihe von beunruhigenden Tatsachen ans Licht kommt. So fehlt Nick nicht nur ein Alibi für den Tag von Amys Verschwinden, sondern einer von Amys Freunden hat zudem behauptet, dass Amy glaube, Nick hätte sie nur wegen ihres Geldes geheiratet. Zudem wurden mit seiner Kreditkarte verschiedene Dinge im Wert von mehreren Hundert Dollar gekauft und die Hinweise auf den Kampf am Tatort sahen verdächtig fingiert aus. Nick wird immer nervöser und frustrierter und beendet das Verhör schließlich mit der Aussage, einen Anwalt zu benötigen.

DIE ÖFFENTLICHKEIT WENDET SICH GEGEN NICK

Bei einer Nachtwache für Amy, die nun seit einer Woche verschwunden ist, hält Nick eine Rede. Danach greift Noelle Hawthorne nach dem

Mikrofon, stellt sich als Amys beste Freundin in Carthage vor – wobei Nick noch nicht einmal wusste, dass sie überhaupt befreundet sind – und fordert ihn auf, zuzugeben, was er Amy angetan hat. Außerdem sei Amy schwanger.

Amys Tagebucheintrag beschreibt, wie Nick seine Wut körperlich an ihr ausgelassen hat. Nach diesem Vorfall kauft sie die Pistole von den Obdachlosen in der Mall.

Nick trifft den Anwalt Tanner Bolt, der dafür bekannt ist, Fälle wie den seinen zu Gunsten des Angeklagten zu drehen. Bei einem Gespräch beweist Bolt, dass er von Nutzen sein wird, und Nick lässt ihn seinen Fall übernehmen. Auf dem Nachhauseweg kommt er auf die Lösung von Amys letztem Hinweis: Er führt zu dem unbenutzten Schuppen hinter Margos Haus.

AMYS AUSGEFEILTE FALLE

Amys Tagebucheinträge enden und wechseln in eine Erzählung aus ihrer Perspektive. Sie berichtet, wie sie den Tatort zu Hause vorbereitet hat. Auch die Tagebucheinträge sind fingiert, genauso wie zahlreiche Details zu ihrem Leben.

So gesteht sie, dass die ersten Jahre mit Nick zwar wunderbar waren, aber sie sich beide als Menschen ausgaben, die sie nicht waren.

Nick bittet Margo, zu dem Schuppen zu kommen und zeigt ihr, dass dort all die Gegenstände stehen, die in seinem Namen mit der Kreditkarte gekauft wurden. Für Nick fügt sich nun alles zusammen: Amy hat ihm äußerst gewieft ein Verbrechen angehängt. Jetzt im Nachhinein fällt ihm auf, dass jeder ihrer Hinweise ihn an einen Ort geführt hat, wo er mit Andie Sex hatte, was bedeutet, dass Amy von der Affäre wusste. Margo und Nick versuchen herauszufinden, was Amys nächster Hinweis bedeuten könnte – wenn es sich bei den Marionetten (die Mann, Frau und Kind darstellen) überhaupt um einen Hinweis und nicht nur um bloßen Hohn handelt.

DAS VERSTECK UND NICKS ANGRIFFSPLAN

Amy fährt in die Berge, um sich zu verstecken. Sie hat angefangen zu planen, Nick ihren Mord anzuhängen, als sie von Nicks Affäre erfuhr, da ihrer Meinung nach alles andere zu wenig Strafe wäre. Sie schrieb alle Tagebucheinträge für die Zeit zwischen 2005 und 2012 von dem Moment an, als sie von der Affäre erfuhr, bis zu ihrem eigenen Verschwinden. Es wird deutlich, dass sie stolz darauf ist, wie genau und detailliert sie alles geplant hat.

Auf Tanners Rat hin, beendet Nick die Affäre mit Andie, die das jedoch nicht gut aufnimmt. Amy entspannt sich währenddessen in einer schmucklosen Hütte, wo sie gespannt die Nachrichten verfolgt, um zu sehen, wie Nick immer mehr Schwierigkeiten bekommt. Der Leser erfährt nun auch, wie das Ende ihres Plans aussieht. Sie will Selbstmord begehen und es so aussehen lassen, als hätte Nick ihre Leiche im Mississippi entsorgt.

DER FALL GEGEN AMY

Nick versucht Tanner davon zu überzeugen, dass Amy ihm das Verbrechen angehängt hat. Amy beschreibt, wie sie ihre Schwangerschaft vorgetäuscht hat. In der Hütte freundet sie sich vorgeblich mit einer Frau an, die eine der Nachbarhütten mietet und scheinbar vor einem gewalttätigen Partner geflohen ist.

Tanner glaubt Nicks Geschichte über das ange-hängte Verbrechen, doch er, Nick und Margo stehen regelrecht mit dem Rücken gegen die Wand, weil ihnen die Beweise für Amys Verschlagenheit fehlen und Margo aufgrund der Gegenstände in ihrem Schuppen selbst unter Verdacht steht. Nick ruft Tommy O'Hara an, den Amy vor einiger Zeit der Vergewaltigung bezichtigt hatte. Später ließ sie die Anklage dann aber fallen. Tommy erzählt Nick, dass er eine Zeit lang in einer Beziehung mit Amy gewesen ist, sie sich jedoch – ähnlich wie Nick und Amy – nach und nach voneinander entfernt haben. Auch Tommy hat sich einer anderen Frau angenähert, worauf Anschuldigungen und belastende Beweise folgten. Als Amy dann die Klage fallen ließ, erhielt Tommy einen anonymen Brief, in dem stand, dass sie hoffe, er habe aus der Angelegenheit gelernt.

Amy beschließt, sich nicht umzubringen, weil ihr das ungerecht erscheint. Obwohl sie anfangs nett zu ihren Hüttennachbarn Greta und Jeff war, glaubt sie nun, dass diese wissen, wer sie ist, oder zumindest planen, sie auszurauben. Sie bereut, ihnen getraut zu haben.

Nick ruft Hilary Handy an, die Amy in der Highschool angeblich gestalkt haben soll. Wie

Tommy erzählt auch sie gerne ihre Geschichte, als sie nun die Gelegenheit dazu bekommt, und berichtet, wie Amy eifersüchtig auf sie wurde und sie über Monate hinweg in die Falle gelockt hat, bis sie sich schließlich eine Treppe hinunterwarf und Hilary dafür beschuldigte. Nach dem Gespräch geht Nick in eine Bar, wo er eine Journalistin trifft, die tatsächlich auf seiner Seite ist. Angetrunken stimmt er einem spontanen Interview zu.

NICK GEWINNT DIE SYMPATHIE DER ÖFFENTLICHKEIT ZURÜCK

Amy sieht Nicks Interview im Fernsehen und ist empört über den kleinen medialen Erfolg, den er damit erfährt. Sie hat zudem beschlossen, dass es Zeit ist, die Hütte zu verlassen. Als sie gerade damit beschäftigt ist, all ihre Spuren und DNS zu entfernen, kommen jedoch Jeff und Greta und stehlen ihr Geld, weil sie erkannt haben, dass sie nicht die Polizei rufen kann.

Tanner missbilligt Nicks Interview, kommt damit jedoch auf eine andere Idee. Nick soll ein weiteres, wohl einstudiertes Interview zur Primetime geben. Dazu begeben sich Nick, Margo und Tanner in dessen Penthouse in St. Louis, wo sie Tanners Frau Betsy treffen, die früher Nachrichtenmoderatorin im Fernsehen war und nun wie ihr Mann Anwalt ist. Zusammen bereiten sie das Interview vor.

Amy hat kein Geld mehr und bittet Desi Collings, ihr zu helfen. Sie überzeugt ihn davon, dass Nick sie misshandelt hat. Nick möchte in dem Interview seine Affäre öffentlich machen, doch Andie kommt ihm zuvor und gibt selbst eine öffentliche Erklärung ab. Trotzdem wird Nicks Interview recht positiv aufgenommen.

HINWEISE ZU LASTEN VON NICK, AMY VERSTECKT SICH BEI DESI

Die Polizei hat einen Durchsuchungsbefehl für Margos Schuppen. Nick und Margo werden festgenommen und Nick wird befragt. Dabei erfahren dieser und Tanner zwei neue Informationen. Nicks Fingerabdrücke sind auf allen Gegenständen in dem Schuppen und ein Tagebuch von Amy wurde gefunden.

Amy kommt in Desis Anwesen an einem See unter, das er für ihre Ankunft verdächtig gut vorbereitet hat, obwohl sie sich nur 24 Stunden vorher unterhalten hatten. Amy fragt sich, ob es ein Fehler war, sich an ihn zu wenden.

In einer weiteren Befragung erläutern Nick und Tanner den beiden Detectives ihre Theorie, dass Amy Nick den Mord anhängen will. Gilpin und Boney sind jedoch nicht überzeugt. Innerlich wächst Nicks Wut auf Amy.

Amy sieht Nicks Interview im Fernsehen. Als er öffentlich die Verantwortung für die Probleme in ihrer Ehe übernimmt, fragt sie sich, ob er aus der Sache gelernt hat. Sie sehnt sich nach der Zeit zu Beginn ihrer Ehe zurück und würde gerne seiner Bitte nachkommen, zu ihm nach Hause zurückzukehren.

Nick scheint zu wissen, dass Amy das Gefühl braucht, gewonnen zu haben, denn seine Intuition sagt ihm, dass das öffentliche Schuldeingeständnis Amy zurückbringen wird. Als jedoch Details über die Gegenstände in Margos Schuppen öffentlich werden, beginnen die Menschen ihn wieder zu hassen. Nick stellt sich vor, wie er Amy tatsächlich umbringt.

NICKS VERHAFTUNG UND AMYS ZWEITE FLUCHT

Amy fühlt sich von Desi in die Enge getrieben. Je länger sie bei ihm ist, desto mehr Annährungsversuche scheint er zu unternehmen. Während sie anfangs noch dachte, ihn unter Kontrolle zu haben, erkennt sie nun, dass das nicht stimmt und hat das Gefühl, dass etwas sehr Schlimmes passieren wird. Sie sehnt sich weiter nach dem „neuen Nick".

Nachdem die Polizei die vermeintliche Tatwaffe am Grund des Mississippis gefunden hat, wird Nick festgenommen. Er kommt auf Kaution frei und während er auf die Gerichtsverhandlung wartet, kehrt Amy plötzlich blutüberströmt und zerzaust in das gemeinsame Haus zurück. Sie erfindet eine Geschichte, die Desi für alles die Schuld zuweist und ihn als manischen Stalker darstellt. Nachdem sie hätte zusehen müssen, wie ihr Ehemann aufgrund von Zufällen und Unfähigkeit der Polizei beschuldigt wurde, sei es ihr schließlich gelungen, Desi in Notwehr zu töten und zu fliehen. Die dramatischen Beschreibungen in ihrem Tagebuch spielt sie als

Übertreibung herunter, bestätigt jedoch, dass die erwähnten Eheprobleme wahr sind.

DIE RÜCKKEHR

Amy kehrt nach Hause zurück. Sie verhält sich, als wäre die Geschichte, die sie der Polizei erzählt hat, wahr. Als Nick alleine ist und keine Kleidung trägt – da sie so sicher sein kann, dass er kein Abhörgerät bei sich hat – erzählt sie ihm alles und droht, ihm versuchten Mord anzuhängen, sollte er je versuchen, sie zu verlassen. Nick ruft daraufhin Tanner an und berichtet von Amys Geständnis, doch der Anwalt sieht keine Möglichkeit, ihr ihre Rolle in der Geschichte nachzuweisen, da es dafür absolut keine Anhaltspunkte gibt. Sein einziger juristischer Rat ist: „Seien Sie nett" (S. 540). Nick stellt sich daraufhin wieder vor, wie er Amy umbringt.

Nick versucht Amy von einer Scheidung zu überzeugen, jedoch ohne Erfolg. Er kündigt an, selbst die Scheidung einzureichen, obwohl sie damit droht, sein Leben zu zerstören, wenn er das tut. Es kommt zu einer heftigen Auseinandersetzung, im Laufe derer Nick schließlich gewalttätig wird. Danach wird er sich bewusst, dass alles, was sie über ihn gesagt hat (er könne ohne sie nicht leben, weil keine andere Frau mit dem mithalten könne, was sie getan hat) stimmt. Anstatt sie also umzubringen, beschließt er, einen eigenen Plan auszuarbeiten, um sie in ihrem Wahnsinn zu fangen oder ins Gefängnis zu bringen.

NETT SEIN

Nick und Amy spielen für die Öffentlichkeit in den folgenden Wochen das verheiratete Paar, das sie früher waren. Gleichzeitig arbeitet Nick mit Margo und Boney daran, einen Fall gegen Amy aufzubauen, allerdings gestaltet sich das als schwierig. Amy bekommt das Angebot, ein Buch über ihre Erlebnisse zu schreiben, und Nick schreibt ebenfalls ein Buch, das mit der öffentlichen Meinung spielen soll. Als er kurz davor ist, ihr sein fertiges Manuskript zu zeigen, in dem er die wahren Ereignisse enthüllt, lässt sie selbst eine Bombe platzen: Sie ist – diesmal wirklich – schwanger. Um seinen Sohn vor seiner Frau zu schützen, willigt Nick ein, seine Nachforschungen mit Boney einzustellen, sein Manuskript zu löschen und die Schuld für den Schuppen voller auf Kreditkarte gekaufter Gegenstände auf sich zu nehmen.

PERSONENANALYSE

NICK DUNNE

Nick ist ein sehr gutaussehender Mann. Er ist sich seines Aussehens und der Tatsache, dass deswegen meist davon ausgegangen wird, er sei kein guter Mensch, so bewusst, dass er automatisch lächelt (auch in unangebrachten Situationen), um dieser Annahme entgegenzuwirken.

Obwohl Nick am Verschwinden bzw. dem Mord seiner Frau keine Schuld trägt, verhält er sich, als sei er schuldig. Er hat die Frauenfeindlichkeit seines Vaters übernommen, ist sich dessen jedoch bewusst und kämpft ununterbrochen dagegen an. Außerdem war er von seiner Ehe frustriert, zeigte sich distanziert und litt unter Minderwertigkeitsgefühlen. Die Affäre mit Andie war für ihn ein Weg aus diesen Gefühlen.

Nick ist zwar schnell nervös, aber ein intelligenter Mann. Allerdings brilliert er lediglich, wenn er mit Amy zusammen ist, die selbst feststellt, dass sie nur, wenn sie zusammen sind, die besten (und ironischerweise auch zerstörerischsten) Seiten ineinander hervorbringen.

AMY ELLIOTT DUNNE

Wie Nick ist auch Amy äußerst gutaussehend. Sie benutzt dies und ihre gute Kenntnis über ihren Ehemann, um die Öffentlichkeit gegen ihn auszuspielen.

Amy ist sehr genau und ehrgeizig. Sie hat mehr als ein Jahr lang an ihrem Plan gearbeitet, Nick ihren Tod anzuhängen. Anhand der Geschichten von Hilary Handy und Tommy O'Hara, sowie anderer Ereignisse, von denen Nick berichtet, wird deutlich, dass diese Eigenschaften zusammen mit ihrer Rachsucht eine gefährliche Kombination bilden.

Amy hasst nicht Nick als Person, sondern vielmehr, was er ihr angetan hat. Die beiden sind voneinander abhängig, was bedeutet, dass, wenn einer fällt, er den anderen mit sich zieht. Um wieder zu der schönen Zeit der ersten Jahre ihrer Beziehung zurückzukehren, bindet Amy Nick zunächst mit der drohenden Verurteilung für versuchten Mord an sich und dann mit dem gemeinsamen Kind. Diese Pläne entwickelt sie nach ihrem vorgetäuschten Verschwinden, mit dem sie Nick zunächst bestrafen wollte. Als sie in ihm wahre Reue gesehen hat – bzw. geglaubt hat zu sehen –, befand sie, ihn genug bestraft zu haben und ist zu ihm zurückgekehrt, hält ihn jedoch weiterhin kurz.

Amys Figur widerspricht dem weiblichen Archetyp. Flynn verwendet Amys Intelligenz und Genauigkeit nicht im positiven Sinne, wie so viele Autoren es heutzutage tun, um den in der Literatur bislang vorherrschenden stereotypen Frauenfiguren, die von einem Mann abhängig sind, etwas entgegenzusetzen. Stattdessen kombiniert Flynn diese beiden Eigenschaften mit Soziopathie und Selbstgefälligkeit. Damit stellt sie das traditionelle Frauenbild in Frage und zeigt, dass Frauen nicht nur stark, sondern auch extrem gefährlich sein können.

DETECTIVE RHONDA BONEY

Zu Beginn des Romans wird Boney häufig zur Zielscheibe für Nicks Frustration, der davon überzeugt ist, dass sie ihren Job nicht gut macht. Trotzdem versucht sie ihm zu helfen, wo es nur geht, kann allerdings auch nur den Hinweisen folgen. Als Amy gefunden wird, muss sie sich einer genauen Überprüfung unterziehen und versucht einen Fall gegen sie aufzubauen. Es bleibt dabei unklar, ob sie das für ihre Karriere oder für Nick tut.

RAND UND MARYBETH ELLIOTT

Rand und Marybeth sind Amys Eltern. Sie haben, wie ihre Tochter, Psychologie studiert und eine Kinderbuchreihe geschrieben, die auf ihrer Tochter basiert und *Amazing Amy* heißt. Amy empfindet ihnen gegenüber kaum Zuneigung und ärgert sich besonders darüber, dass ihre Eltern sie über die Bücher indirekt analysieren und finanziell benutzen. Sie ist deswegen überzeugt, dass ihre Eltern den Stress wegen ihres Verschwindens verdienen.

MARGO DUNNE

Obwohl Margo zwischendurch an Nick zweifelt, als bestimmte Indizien auftauchen, ist sie seine treuste Begleiterin. Zusammen mit Nick besitzt sie eine Bar, in der die beiden angefangen haben zu arbeiten, als sich der Zustand ihrer Mutter aufgrund ihres Krebsleidens verschlimmert hat. Ihre Beziehung zu Amy war nie besonders gut, auch nicht bevor Nick erkannt hat, dass Amy ihm ihren Mord anhängen will.

TANNER BOLT

Tanner ist Nicks Anwalt. Obwohl er behauptet, Nicks Theorie zu glauben, Amy würde ihm den Mord anhängen wollen, ist Nick bis zu Amys Rückkehr vom Gegenteil überzeugt. Dennoch hilft Tanner Nick, das Bild, das die Öffentlichkeit von ihm hat, zu verbessern. Nick ist von seinen Vorschlägen zwar nicht immer begeistert, sie stellen sich jedoch stets als seine beste Option heraus.

Tanner wurde als Anwalt dadurch bekannt, dass er Fälle wie Nicks annahm, in denen der Ehemann hundertprozentig schuldig schien, und sie zu Gunsten des Angeklagten drehte. Allerdings kennt man ihn dadurch auch als den Anwalt, an den sich diejenigen wenden, die schuldig sind.

DESI COLLINGS

Desi und Amy waren in der Highschool ein Paar und Desi ist noch immer von ihr besessen. Diese

Besessenheit scheint durch seine Mutter ausgelöst zu werden, die Nick zufolge wie eine ältere Version von Amy aussieht.

Desi macht sich zwar nicht des gleichen Missbrauchs schuldig, den Amy Nick in ihrem Tagebuch vorwirft, er zeigt jedoch eine andere Form toxischer Männlichkeit, während Amy sich in seinem Haus am See versteckt hält. So erwähnt er ständig, dass er ihr geholfen hat, berührt sie oft und möchte von ihr als Ritter in weißer Rüstung wahrgenommen werden. Zusätzlich dazu gibt er Amy nicht den Code zu dem großen Tor, das sein Anwesen verschließt, und auch kein Geld, sodass sich Amy völlig zu Recht eingesperrt fühlt.

ANDIE HARDY

Die Affäre zwischen Andie und Nick begann etwas über ein Jahr vor Amys Verschwinden. Andie studiert an dem Junior College, wo Nick als Aushilfslehrer für Journalismus unterrichtet. Sie ist jung und attraktiv, aber im Vergleich zu seiner Frau simpel, wie Amy selbst feststellt. Nur diese verhilft Nick, das Beste aus sich herauszuholen, und sie weiß, dass Nick auf lange Sicht mit Andie nicht glücklich sein wird.

HILARY HANDY UND TOMMY O'HARA

Hilary und Tommy bilden mit ihren Berichten über Amy ein Gegengewicht zu ihrer Selbstdarstellung als perfekte, allseits beliebte Ehefrau. Die beiden haben Ähnliches wie Nick erlebt: Sie haben sich mit Amy angefreundet, sie dann verärgert (bei Hilary aufgrund von scheinbaren Nichtigkeiten), woraufhin sich Amy einen komplexen, zerstörerischen Racheplan ausgedacht hat. Dennoch erscheinen Nick diese Geschichten nicht hilfreich, da beide zusätzlich in Drogenmissbrauch und Rechtsstreitigkeiten verwickelt sind.

INTERPRETATION

BEWEISMANIPULATION: DIE ROLLE VON ÖFFENTLICHKEIT, MEDIEN UND WAHRNEHMUNG

Gone Girl zeigt, dass es, wenn auch nicht einfach, so jedoch möglich ist, mit einer plausiblen Geschichte seine Spuren zu verwischen. Amy beweist im Laufe der Ausarbeitung und Ausführung ihres Plans Geduld, denn sie ist sich bewusst, dass viele Mörder und Verbrecher lediglich deswegen nicht ungestraft davonkommen, weil sie weder geduldig sind, noch akribisch genug planen. Amy nutzt dabei sowohl die Medien als auch die Öffentlichkeit zu ihren Gunsten. Im Gegensatz zu ihrer eigenen Sorgfalt leben diese beiden von reißerischen Überschriften und dem Drang nach sofortiger Zufriedenstellung. Tanner merkt dazu an, dass die Jury bei der tatsächlichen Verhandlung wahrscheinlich schon für eine Seite eingenommen ist, wenn der Fall bereits genügend Beachtung in der Öffentlichkeit erfahren hat. Amy benutzt die Medien und die Öffentlichkeit mit ihrer Unbeständigkeit und Kurzsichtigkeit damit als massiven Rammbock gegen Nick.

Dabei wird impliziert, dass nicht die Geschichte selbst zählt, sondern die Art, wie sie präsentiert wird. Das Bild, das sich die Öffentlichkeit von Nick macht, springt äußerst schnell vom liebenden Ehemann zum misshandelnden Ehebrecher und zurück, je nachdem, wofür ein neues Indiz auftaucht. Amy, ebenso wie Nick und Tanner, versucht die Launen der Öffentlichkeit zu beeinflussen. Doch auch die Geschichte aus ihrer Perspektive macht deutlich, dass die Reaktionen selbst mit der akribischsten Planung nicht unbedingt so ausfallen wie gewünscht.

Es ist hierbei wichtig, das Privatleben der Figuren und die Öffentlichkeit als Einheit voneinander zu differenzieren. Der Leser erfährt viel über das Leben der Dunnes und der Elliots, ebenso wie das einiger Nebenfiguren, während die Geschichte von Nicks und Amys Ehe dargelegt wird, da ihre Sichtweisen und die Konsequenzen von Amys Verschwinden und Rückkehr detailliert beschrieben werden (wobei diese Analyse im Hinblick auf die darauffolgende Analyse durch die Öffentlichkeit recht ironisch ist). Sie haben kaum einen Einfluss auf die Wahrnehmung ihrer Lage in der Öffentlichkeit, obwohl gerade diese zeigt, wie schwierig ihr Leben den jeweiligen Tag werden wird. Im Gegensatz zu diesem Einblick wird die Öffentlichkeit als solche nicht gezeigt, sondern bleibt eine anonyme Masse aus Journalisten, Demonstranten, Nachtwachenteilnehmern und anonymen Online-Kommentatoren. Figuren wie Shawna Kelly und Noelle Hawthorne halten sich nur so lange in Nicks Umkreis auf, bis sie genügend oberflächliche Informationen über ihn gesammelt haben, dass sie sie der Öffentlichkeit preisgeben können. Selbst scheinbar wohlmeinende Journalisten wie Sharon Shieber und Rebecca machen schließlich nur ihren Job, anstatt Nicks Geschichte ungekürzt darzustellen.

Die Öffentlichkeit zeigt so ihre Mob-Mentalität. Details müssen verallgemeinert und vereinfacht werden, damit Nick – und alle anderen – einen Einfluss darauf haben, wie sie wahrgenommen werden. Obwohl die Öffentlichkeit also die Wahrnehmung von Nicks Geschichte weitgehend bestimmt, weiß sie quasi schon im Vorfeld, was passiert ist und will ihre Vorurteile lediglich zu ihrer Unterhaltung in Echtzeit bestätigt sehen.

AUSNUTZEN STEREOTYPER GESCHLECHTERROLLEN

Für die geblendete Öffentlichkeit ist Amy perfekt: Sie ist eine liebevolle, schwangere und zudem schöne Ehefrau, die ihren gefährlichen, sie missbrauchenden Ehemann zurückgewinnen will. Dies, gepaart mit ihrem Verschwinden, macht sie zum Liebling der Öffentlichkeit – abgesehen von Ausnahmen wie Hilary Handy und Tommy O'Hara. Doch Nick (und der Leser) weiß, dass sie sich dieses Image lediglich minutiös geschaffen hat, um genau diese Liebe hervorzurufen.

Amy benutzt dieses Image gegen Nick, indem sie die Öffentlichkeit miteinbezieht, die durch Fernsehshows wie *Ellen Abbott* eine recht einseitige Sicht zu Weiblichkeit hat. So glauben die Menschen gerne, dass Frauen – insbesondere schöne Frauen – von Natur aus fürsorglich, liebevoll usw. sind. Amys Image bestätigt diese Vorurteile und macht es der Öffentlichkeit so einfach, für sie Stellung zu beziehen.

Frauenfeindlichkeit ist im Roman ein wichtiges Thema. Die oben beschriebene Vorstellung von Weiblichkeit ist schädlich, nicht nur, weil sie Amy ermöglicht, sie für sich zu nutzen, sondern auch weil es durch sie so wirkt, als wären Frauen zwangsläufig von einem Mann abhängig (was Desi Collings zu glauben scheint oder sich zumindest einredet). Es bleibt jedoch nicht bei diesem einen Stereotyp. Nick und vor allem sein Vater sind im Kern frauenfeindlich. Nicks Vater trägt seine Frauenfeindlichkeit recht offensichtlich nach außen, indem er sich herablassend zu Frauen äußert. Doch auch Nick hat Frauen gegenüber wenig Geduld, was ihm allerdings bewusst ist und woran er arbeitet. Die Frauenfeindlichkeit von beiden basiert auf der Überzeugung, dass Frauen ständig nörgeln oder Männer anderweitig daran hindern, ihre Wünsche zu erfüllen und Ziele zu erreichen.

Amy spielt ebenfalls mit dieser Frauenfeindlichkeit. Indem die Öffentlichkeit ihre Vorurteile in Amy bestätigt sieht, festigt sie ebenfalls das Bild, das es sich von Nick macht: Für die Öffentlichkeit trägt zwangsläufig der Mann die Schuld, wenn die Ehefrau verschwindet oder ermordet wird. Männlichkeit wird in der Gesellschaft mit Unabhängigkeit, Zielstrebigkeit, sexueller Begierde und Wut verbunden, wobei all diese Begriffe auch Nick beschreiben und Dinge sind, auf die die Öffentlichkeit anspringt.

DIE FASSADE

Wie bereits erwähnt, hat sich Amy mehrere Persönlichkeiten geschaffen, um die Öffentlichkeit auf ihre Seite zu ziehen. Mit dieser Taktik steht sie jedoch nicht allein da. Nick holt sich Hilfe bei Betsy Bolt, der Frau von Tanner Bolt, um sein Image aufzubessern und sein Verhalten so zu ändern, dass er sympathischer wirkt. Als Amy zurückkehrt, geben die beiden außerdem vor, wieder ein liebendes Paar zu sein, während sich hinter der Fassade geradezu ein Ehekrieg abspielt. Auch Rand und Marybeth Elliott scheinen zunächst tolle Eltern zu sein. Doch Amys Tagebucheinträge und die Erzählung aus ihrer Perspektive beschreiben sie als recht passiv-aggressive Menschen, die sich mittels ihrer Bücher *Amazing Amy* eine idealere Tochter schaffen. Andie Hardy, mit der Nick eine Affäre hat, scheint privat, in den sozialen Medien und in der Öffentlichkeit zudem jeweils komplett unterschiedliche Persönlichkeiten zu haben.

Der Roman enthält so viele Beispiele dafür, dass bei näherem Hinsehen quasi jede Romanfigur ein Bild von sich gibt, das nicht ihrer wirklichen Persönlichkeit entspricht. Eine Ausnahme bilden dabei die Obdachlosen in der Mall, die scheinbar keinen Ruf mehr zu verlieren haben.

Gone Girl zeigt, wie Menschen das Bild, das sie von sich zeigen, jeweils an die Situation, in der sie sich befinden, anpassen. Das mag für viele keine neue Erkenntnis sein, doch im Roman wird dieser Image-Wechsel zu einem solchen Extrem getrieben, dass der gesellschaftliche Nutzen deutlich zu Tage tritt. Oft kann es von denen genutzt werden, die in Schwierigkeiten sind, die sie nicht verdienen (beispielsweise Nick und Andie), in anderen Fällen kann es jedoch den Blick auf toxische Eigenschaften verfälschen oder diese gar verstecken (wie im Falle von Amy). Die Selbstdarstellung ist damit nicht nur die Wiederspiegelung dessen, was jemand ist, sondern kann ebenfalls eingesetzt und ausgenutzt werden. Die Persönlichkeit ist also nicht mehr real, sondern wird zu einem gesellschaftlichen Werkzeug.

ZUM NACHDENKEN

FRAGEN ZUR VERTIEFUNG

- Amys Figur wird gleichzeitig kritisiert, anti-feministisch zu sein, weil sie weibliche Stereotypen einsetzt, um ihren bösartigen Plan umzusetzen, und dafür gelobt, feministisch zu sein, indem sie eine Rolle einnimmt – die des durch und durch soziopathischen Bösewichts –, die nur selten von Frauen übernommen wird. Welchen dieser Standpunkte stimmst Du zu? Gibt es etwas, das beide Ansichten vereint?
- Wie werden Archetypen und Stereotypen weiblichen und männlichen Verhaltens verwendet, um die Reaktionen des Lesers zu manipulieren?
- Wie wird der Einfluss der öffentlichen Meinung auf die Rechtsprechung dargestellt? Beziehe Dich dabei vor allem auf den Bereich von Fernsehen und Internet.
- In *Gone Girl* wird ständig Information zurückgehalten. Warum ist es wichtig, eine Geschichte in ihrer Gesamtheit zu betrachten?

Was unterscheidet es davon, die Geschichte, während sie erzählt wird, zu verstehen und auf sie zu reagieren?

- Nick hat eine gespannte Beziehung zu den Medien, worin angesichts der Tatsache, dass er Journalist ist, eine gewisse Ironie liegt. Wie beschäftigt sich der Roman mit den Auswirkungen der Medien und der Öffentlichkeit auf Privatpersonen und Familien? Wie zeigen sich diese Auswirkungen, wenn die Medien und die Öffentlichkeit ihr Interesse in die Geschichte wieder verloren haben?
- Welche moralischen Fragen werden im Hinblick auf das Interesse der Medien und der Öffentlichkeit in Nicks Fall, dessen Bekanntmachung und der Rolle, die sie dabei spielen, aufgeworfen?
- Nenne einige Beispiele von weniger offensichtlicher Frauenfeindlichkeit (d. h. keine Beleidigungen oder Gewalt).
- Wie werden Eltern-Kind-Beziehung in *Gone Girl* behandelt? Betrachte dabei besonders die Beziehung zwischen Amy und ihren Eltern, Nick und seinen Eltern, sowie die zukünftige Beziehung zwischen Nick und Amy und ihrem ungeborenen Kind.

- Inwiefern wird in *Gone Girl* angenommen, dass jede Person ein an die Gesellschaft angepasstes Konstrukt ist? (Amy kreiert und benennt für sich beispielsweise mehrere Identitäten.) Inwiefern ist diese Schaffung von unechten, aber gesellschaftlich zweckdienlichen Persönlichkeiten für die Person und die Gesellschaft vorteilhaft bzw. schädlich?

Deine Meinung ist uns wichtig!
Hinterlasse doch einen Kommentar auf der Seite
unser Online-Buchhandlung
und teile Deine Favoriten in den sozialen
Netzwerken!

DARÜBER HINAUS

HERANGEZOGENE AUSGABE

- Flynn, Gillian: *Gone Girl. Das Perfekte Opfer.* Aus dem Englischen von Christine Strüh. Fischer Taschenbuch: Frankfurt/Main 2014.

SEKUNDÄRLITERATUR

- Busche, Andreas: „Die faszinierende Bräsigkeit des American Boy". *Zeit Online.* (02.10.2014). https://www.zeit.de/kultur/film/2014-10/gone-girl-film-david-fincher-ben-affleck (08.05.2019).

- Buß, Christian: „Fincher-Thriller ‚Gone Girl'. House of Hass". *Spiegel Online.* (29.09.2014). https://www.spiegel.de/kultur/kino/gone-girl-thriller-mit-ben-affleck-von-house-of-cards-macher-fincher-a-993553.html (08.05.2019).

- Internetseite der Autorin (auf Englisch). http://gillian-flynn.com/ (08.05.2019).

VERFILMUNG

- *Gone Girl.* Film von David Fincher, mit Ben Affleck, Rosamund Pike und Neil Patrick Harris. USA 2014.

derQuerleser.de

Literatur auf den Punkt gebracht!

www.derQuerleser.de

ISBN digitale Ausgabe: 9782808020008

ISBN gedruckte Ausgabe: 9782808020015

Pflichtexemplar: D/2019/12603/165

Cover: © Plurilingua

Logo: © Graphicrepublic (Freepik.com) und Plurilingua

Digitale Aufbereitung: Primento, der digitale Partner der Herausgeber